A fleur de mots...
(Recueil de Poésie)

Zoé Vian

« Ma vie est à fleur de peau,
Ma plume est à fleur de mots,
On ne peut goûter de poésie,
Que si l'on en porte en soi, enfouie... »

A fleur de mots...

A fleur de mots...

A mon amour,
A ma famille,
A vous, cher lecteur,
Puissiez-vous aimer ces instants de poésie,
Là, où je suis le fil d'Ariane de ma vie,
Puissent-ils trouver un écho dans la vôtre...

A fleur de mots...

© 2024 Zoé Vian
Édition : BoD - Books on Demand, info@bod.fr
Impression : BoD – Books on Demand,
In de Tarpen 42, Norderstedt (Allemagne)
Impression à la demande
ISBN : 978-2-3225-2158-6
Dépôt légal : Février 2024

A fleur de mots...

Le saule pleureur

Saule, de tes branches, les larmes perlent,
A l'aube, la rosée est un écrin de diamant,
Et pour tes bras graciles, un vêtement seyant,

Face aux caprices du temps, tu t'inclines,
Au cœur de l'été torride, tu donnes ton ombre câline,
Tu restes le refuge de mes dessins à l'encre de Chine,

Vers la terre retombe ta chevelure de pluie,
De ma fenêtre, tu es le pleureur attitré,
Et même le témoin discret de mes larmes de pluie...

A fleur de mots...

A fleur de mots...

Yeux félins

Sur le monde, tu poses ta douce prunelle de jade,
Puits de mystère sans fond, tout un chacun imagine,
Les lieux où ta silhouette élégante d'ébène se balade,
Entre les arbres au loin, se dessine ta ligne en ombre de Chine,

Ô doux compagnon, retiens ta griffe acérée et montre ta patte de velours,
Grâcieux funambule, la nuit offre un terrain de chasse à tes yeux de lynx,
De notre jardin, tu te poses en gardien tel un beau sphinx,
Seigneur indépendant, demeure ma fascination à toujours...

A fleur de mots...

A fleur de mots...

Eden

Chacun de mes gènes porte en lui le souvenir de cette harmonie,
Mon regard se porte au loin et voit ce paradisiaque et luxuriant jardin,
Mon âme éblouie veut y demeurer et vivre sereine, à l'infini,

Cette œuvre d'art se dresse dans mon cœur, de plénitude, empli,
Et fait couler dans mes veines des ruisseaux d'eau de la vie,
Quand mes mains créatrices resserrent ces lianes tissées pour la vie...

A fleur de mots...

A fleur de mots...

Songe automnal

Sous une pluie de feuilles d'or, je me promène,
De mille feux brillent les joyaux de la nature,
L'été indien au bonheur du peintre nous mène,
Tout paré d'or et de lumière pure,

Se dressent mélancoliques, bouleaux et chênes,
Emerveillée par l'étendue de la palette automnale,
Je songe à ces couleurs, signes d'un sommeil hivernal,
Pourquoi de telles parures pour le déclin de l'énergie vitale ?

A fleur de mots...

A fleur de mots...

Phoenix

Ces murs épais, infranchissables, tellement hauts,
Sont plantés, dressés dans mon esprit solitaire,
Vainqueurs, m'oppressant le cœur tel un étau,
Murailles silencieuses, vivante, tu m'enterres...

Solitude, fantôme sinistre de mon intérieur,
Vilaine compagne, n'attriste plus mon œil rieur,
Non ! Ta prisonnière n'a pas dit son dernier mot,
Desserre tes griffes de prédateur, ne tente pas un dernier assaut !

Ô toi ! Ouvre les ailes de ton cœur, ton bouclier,
Fragile, observe cette étincelle qui luit et rougit,
C'est celle que rien ne peut te faire oublier,
Ô cendres ! Au creux de ton être, enracinée,
Elle se consume, vivante, tel un arbre de vie !

A fleur de mots...

A fleur de mots...

Âme sœur

Âme sœur, alter ego
Pile ou face, idem
Jumelle, siamoise
Je t'aime !...

Âme sœur, hameçon
Attrape ma ligne!
Âme sœur, accroche-coeur,
Ne prends pas peur,

Âme sœur, mon bonheur
Est dans ton cœur!

A fleur de mots...

A fleur de mots...

Grand Bleu

Bleu, celui de tes yeux,
Bleu, pur, celui des cieux,
Bleu, dégradé en camaïeu

Bleu, joyau aigue-marine
Bleu, mes paupières ultramarines,
Bleu, la Terre illumine

Bleu, magique de l'océan,
Bleu, oui...mais bleu Cyan !
Bleu, de mes rêves vivants

Partout, rien que du bleu
Oui, mais c'est du Grand Bleu !

A fleur de mots...

A fleur de mots...

Jaune solaire

Jaune, la couleur du bouton d'or,
Jaune, la couleur du disque solaire,
Jaune, la couleur de la joie balnéaire,

Jaune, je suis une couleur rayonnante,
Jaune sable, des blés mûrs, les têtes sémillantes
Jaunes, les citrons de Nice, tels des prémices..

Jaune, la couleur des abeilles aguerries,
Jaune d'or, la couleur de leur doux miel,
Et je chante clair, jaune comme un canari !

A fleur de mots...

A fleur de mots...

Rouge feu

Rouge, comme le feu ardent en moi qui brûle,
Rouges, mes baisers incarnats, du tube de rouge,
Rouge, la passion se consume tel un brasier somnambule,
Et me voilà écarlate, comme une pivoine toute rouge...

Rouge sang, comme la vie sacrée qui se répand et coagule,
Devant la cruauté infâme, inexorablement, je vois rouge,
Et sur les injustices du monde, je tire à boulet rouge !
Je n'ai pas laissé les affres de la vie éteindre mon feu sacré rouge...

A fleur de mots...

A fleur de mots...

Au creux de mes vagues

Sinistres heures où l'ennui se profile
Instants qui flottent de mon cœur en chute libre
Où la joie de vivre a déserté mon âme fragile..

La courageuse veut se battre, oscillant énergie
Et nostalgie. Luttant contre cette léthargie,
Le sang s'active dans mon corps engourdi.

Je me ressaisis et reprends vite le combat de la vie,
Il me faut naviguer et éviter les écueils,
Ô, âme tourmentée, ton périple n'est pas fini !

A fleur de mots...

A fleur de mots...

C'est mon cri !

Mon cœur est tombé dans le trou du désespoir,
Mes yeux se mouillent, n'ont pas de mouchoir,
Et je sanglote, désemparée à en mourir,
Ô, ce souhait que mon âme veut nourrir,

Vouloir seulement dormir et oublier,
La souffrance qui me déchire,
Ces lignes témoignent de mon délire,
Il faut que j'expulse sans crier,

Mon mal de vivre, ma peur de l'avenir,
La bête au fond de moi qui me taraude,
Cette angoisse terrible de la solitude à venir,
Peur de n'avoir pas, posée sur mon épaule, cette main chaude...

A fleur de mots...

41°

TV, boîte à images, tu prends le pouls,
D'un monde fou, d'un monde pas très sage,
Il se réchauffe, il s'en fout !

La température monte, les gens zappent,
Mauvais œil, tu rappelles sans ambages
Aux jeunes désenchantés qui rappent,

Que leur monde est en nage,
Qu'importe ! Profiter de chaque
Instant qui passe, ô badinages !

C'est le seul mot de passe,
De ce monde qui se lasse,
De sa déchéance dégueulasse...

Impair et manque, pas de chance !
Le mercure grimpe en flèche,
Il fait plus chaud qu'ils ne le pensent...

A fleur de mots...

A fleur de mots...

Jeu cruel

Ce jeu que je connais par cœur,
Pour en avoir si bien usé,
A présent est devenu telle une douleur,
Comment peux-tu aussi bien y jouer ?

Ah oui ! Les règles, tu les as instaurées,
A tirer les ficelles, tu te délectes,
Du pantin que pour toi, je le reconnais,
Je reste ainsi de mon plein gré,

Cruel jeu stratégique qui me ronge,
Tantôt construit et démolit mes chateaux de cartes
Du jeu, tu es le maître, ainsi que de mes songes,
Au jeu de l'indifférence, tu es rompu tout comme aux cartes,

Qui donc de nous deux se lassera ?
Notre bras de fer, tout seul, cessera ;
Quand, à ce jeu cruel, aucun ne gagnera,
Et ce qui n'avait pas voulu commencer, s'arrêtera...

A fleur de mots...

A fleur de mots...

Rond ?!

Ronde la Terre,
Rond le cercle sur le tableau,
Ronds nos jeux d'enfant,

Rond le ventre d'une mère,
Tout tourne rond
Dans notre vie d'humains compliqués?!

Mais je tourne en rond,
Et si je me mettais à arrondir mes angles ?
Voilà bien une de mes idées carrées !

A fleur de mots...

A fleur de mots...

Toi... ?!

Toi qui me manques encore, je ne te connais pas,
Toi, ma main veut caresser tes cheveux qui ne sont pas là,
Toi, celui que mon cœur attend avec ferveur ou bien douleur,
Toi, si tu lis ces lignes, c'est que tu m'as reconnue avec bonheur,

Toi seul, à présent, sait feuilleter le livre de mon cœur,
Toi seul y lira ce qu'avec tendresse, te dire j'aurais voulu,
Mais toi, maintenant, tu sais mes gestes, mes regards, même mes peurs,
Toi, tu aimes ces vers, qui de mon cœur, te sont parvenus...

A fleur de mots...

A fleur de mots...

Un trait de couleur

De la couleur dans la tête, plein mon cœur,
De la couleur sur le monde affreux,
De la couleur sur la vie comme un aveu,

De la couleur en ton hommage,
De la couleur pour cacher nos déchirements,
De la couleur pour peindre nos visages,

De la couleur comme remède désespéré contre le temps,
De la couleur pour incarner mes envies,
De la couleur pour lutter et aimer la vie...

De la couleur ?! Futile, me direz-vous ?
Je vous dirais que je n'aime ni le gris, ni le noir de nos cœurs,
Je vous dirais que la vie vaut bien qu'on la dépeigne !

A fleur de mots...

A fleur de mots...

Ego

J'aurais aimé être une héroïne,
Marquant la vie de mon empreinte,
Qui sait si je ne suis pas cette héroïne,
Serrant la vie dans mon étreinte ?

En moi, une force mentale, je devine,
Capable de déjouer toutes les feintes,
Prenant sa source dans l'énergie enfantine,
Refusant puissamment toutes les demi-teintes,

Cette héroïne et son visage de figurine
Veulent sembler hors de toute atteinte,
Dans ses yeux pailletés d'or, on devine,
De son âme, toutes les émotions peintes...

A fleur de mots...

A fleur de mots...

Au fil de mon rêve marin

Sur mon voilier, je vogue dans mon pull marin,
Je veux m'imaginer à la barre de cette vie,
La mer est ma complice, mon infini,
Plus de verrous, plus d'ennuis,

Je m'emplis de la force de son air salin,
L'albatros de Baudelaire vole libre dans le ciel teinté d'azur,
La pureté clapote, bleuit, émaillée de teintes pures,
Tout est là, en paix, un bonheur sans fin,

Apaisée de mes tourments, je réduis l'allure,
Je jette une ancre vers la félicité,
Ma Terre promise est à portée de vie...

A fleur de mots...

« Tout est vanité »

Jadis un sage écrivit ces quelques mots,
Que penser de nos simulacres de vie ?
Sait-on combien nous sommes misérables et idiots ?
On s'agite, on pleure, on aime, on rit !

Quelle valeur pour toutes ces tranches de vie ?
Comme notre quotidien gris est dérisoire,
Quand on se penche d'ennui sur soi-même un soir,
Notre misère n'a d'égale que notre humaine vanité,

On se fuit de peur de pleinement mesurer,
Tout le vide de nos occupations illusoires,
Mais ne cessons pas d'essayer, malgré nos déboires,
Et d'apprendre à simplement aimer...

A fleur de mots...

A fleur de mots...

Eclosion d'une femme

C'est enfin l'envol du nid,
Du cocon douillet et rassurant,
Chrysalide accomplie,
Notre papillon est rayonnant,

La femme-fleur est éclose,
Face au soleil de la vie levant,
Le gracile bouton affiche entre autres choses,
Ses pétales de jupon bouffants,

Allons voir si ce matin, la rose est éclose,
Ecrivait en son temps le célèbre poète,
D'amour, il brûlait pour sa bien-aimée,

Or, perdu dans ses vers, songeait-il à cette chose ?
Que d'amour, les épines d'une femme transperce le cœur et s'il ose,
Emprisonne le pauvre homme par tant de beauté épris!

A fleur de mots...

A fleur de mots...

Rêve pailleté

Quand le souffle de l'hiver dépose sa poudreuse glacée,
Le paysage met son vêtement tout de blanc immaculé,
Quand les arbres dans leurs manteaux emmitouflés
Ploient sous leur belle parure de diamant facetté,

Quand les bonhommes de neige fleurissent dans les jardins par la vie désertés,
Et que les yeux des enfants s'illuminent devant cette féerie enneigée,
Notre blanche fée recouvre le cœur des villes inanimées,
Elle embellit surtout nos pensées, nous donnant envie de rêver !

A fleur de mots...

A fleur de mots...

Alchimie

Au détour d'une allée, on s'était reconnus,
Pourtant, on ne s'était jamais vus,
Deux regards dans la même direction,
Deux cœurs aux mêmes émotions,

Mon rêve d'amour est harmonie à venir,
Au-delà de la chair et de notre désir,
Instants suspendus et intemporels,
Nos deux vies dans le beau ciel,

Or et argent se confondent,
Notre idylle se fonde,
A quoi tient ce fil ténu ?
A quoi tient l'amour, cet ingénu ?

L'alchimie entre nous est magnétique,
L'étincelle de notre amour magnifique !

A fleur de mots...

A fleur de mots...

La clé des champs

Dans les champs, libre comme l'air, je m'évadais,
Les épis de blé montraient leurs têtes dorées,
Bien haut, ils s'écriaient : c'est l'été !
Un écho de bonheur en moi résonnait,

Le chant des sauterelles me ravissait,
Leur chansonnette toute la saison devait durer,
Le soleil de plomb dardait ses rayons nourriciers,
Les tournesols, complices, cherchaient sa face tant espérée,

Et la vie, ce sablier, doucement, s'égrenait,
Epanouie, comme des fruits mûrs recueillis,
Au détour d'un petit sentier : des vélos abandonnés,
Deux promeneurs éblouis s'emplissaient du parfum de la vie...

A fleur de mots...

A fleur de mots...

Le Petit Prince

Mon Petit Prince, « dessine-moi un mouton »,
Le temps qui s'enfuit n'a pas plissé ton front,
Ni même aigri ton cœur pur d'enfant,
Rires à foison jaillissent toujours spontanément,

Mon Petit Prince, « dessine-moi un mouton »,
Mon homme de vie, notre arbre est parsemé de bourgeons,
Je songe à ton sourire exquis et ta chevelure dorée,
De cette image immaculée, je me délecte, moi, la rose tant choyée...

A fleur de mots...

A fleur de mots...

Alliance

Nostalgie de notre solennelle alliance,
Estampillée d'or gravé et d'éternité...

...JOUR HEUREUX,
L'Heureux jour où l'Amour naquit,

...JOUR HEUREUX,
L'Heureux jour où l'Amour conquit,

...JOUR HEUREUX,
L'Heureux jour où l'Amour dit Oui !

A fleur de mots...

A fleur de mots...

Nuits indiennes

Au son d'une cithare, le mystère s'envole dans le soir,
Les serpents comme les hommes en frisonnent,
Et ondulent au rythme d'une mélopée dans le noir,

Ils suivent égarés et enchantés le fil de leurs histoires,
En ces lointaines contrées, rien n'est jamais tout à fait vrai,
Tout ne semble que chimères, légendes et autres contes,

Tout n'est qu'orgie de luxueux tissus chamarrés,
Les volutes de nos précieuses vies, à ce qu'on raconte,
Ainsi s'évaporent, bleutées, dans la douce nuitée...

A fleur de mots...

A fleur de mots...

Folle d'un rêve

Quand, au fil des heures, mon cœur se serre,
Quand, au fil des jours, ma petite vie s'étiole,
Quand, au fil des mois, ma petite mort sonne,

Je rêve à des instants de liberté folle,
A des vies entières passées à contempler,
Et tes yeux immenses et les cieux intenses,

Je rêve à des siècles entiers de bonheur absolu,
Où la félicité candide batifole et danse,
Que mon cœur si grand ne puisse la contenir !

A fleur de mots...

A fleur de mots...

Plume en berne

Non, je ne veux plus écrire,
Mon cœur sec ne sait plus rire,
Mes grands yeux mouillés
Pleurent jusqu'à s'en dessécher,

La tempête de pluie souffle au dehors,
Comme en mon cœur où tout est noyé,
Poétesse de cœur et enfant de bouts-rimés,
On m'a tué de rages en rancoeurs,

Spleen matador, ma plume dort...
Je ne sais plus écrire...
Je ne sais plus rire...
Je ne sais plus vivre...
Je ne sais plus que souffrir...

A fleur de mots...

A fleur de mots...

Ta fille

Oh oui, je suis bien ta fille...
Le même regard de fauve doré,
Le même caractère entier qui pétille,

Toi, calme et solide comme un roc,
Toi, dont le nom est la racine d'un chêne,
Toi, tu es mon père, cet aurochs!

A fleur de mots...

A fleur de mots...

Terre des Hommes (I)

Au-delà de nos cris,
Au-delà de nos vies,
Un seul sentiment
Luit au firmament..

Un rêve d'humanité,
D'utopie, teinté...
Terre des Hommes,
Patrie du Maelström!

A fleur de mots...

A fleur de mots...

Terre des Hommes (II)

Les Hommes naissent libres,
Libres et égaux, tous frères,
Les Hommes se sentent la fibre,
De devenir pères et mères,

Les Hommes vivent leur vie dorée,
Devant leur téléviseur adoré,
Mais les Hommes ont perdu la clé,
Ils ont oublié leur rêve immaculé,

Les Hommes devenus adultes rangés
Ne songent plus aux jeux du passé,
Auréolés de pureté et de bonbons acidulés...

A fleur de mots...

A fleur de mots...

Terre des Hommes (III)

Les Hommes sur la Terre au loin
Ont besoin de raisons de vivre,
Or, le cœur a ses raisons
Que la raison n'entend point...

Terre des Hommes,
Hommes de terre,
Mais du raisonnable,
Ils n'entendent rien,

Coeur des Hommes...
...Terre déraisonnable...

A fleur de mots...

A fleur de mots...

Personne ne saura...

Personne ne saura
Maman, combien tu l'aimais,

Personne ne saura
Maman, combien elle t'a manquée,

Personne ne saura
Maman, quels torrents de larmes tu as versés,

Certes, tu es forte et personne ne saura jamais,
Maman, sais-tu seulement combien je t'aime ?
Maman, ce poème, je te l'offre à nouveau,

On dit que l'on n'écrit pas sur ceux que l'on aime,
Moi, je t'écris, parce que je t'aime...

A fleur de mots...

A fleur de mots...

L'îlot du Bonheur

C'est une île lointaine,
Incertaine, loin de la haine,
Perdue au milieu de nulle part,

Une île immaculée,
Une île de beauté,
Une île tant convoitée,

Ô ce n'est pas une île déserte,
Elle est peuplée de bonheurs cachés,
De paysages enfouis et d'êtres aimés...

Bien peu le savent, mais c'est une île...
...Au tréfonds de notre être...
Cherchons, nous la trouverons peut-être !

A fleur de mots...

A fleur de mots...

Petite chatte

Petite chatte bleue, de khôl, tu as paré,
Tes beaux yeux. De ton regard fardé,
Tu as éperonné nos cœurs touchés.

Petite chatte bleue, tu enveloppes doucement
Nos cœurs de chaleur, subtilement,
Tes entrechats sont notre ravissement,

Petite chatte bleue, d'argent, tu as brillé,
Et de blanc pur, tu t'es habillée,
Emmitouflée de ta féline tendresse tant espérée...

A fleur de mots...

A fleur de mots...

Le mal a dit...

Quand, dans ma chair, tu imposes ta loi,
Quand la lassitude infinie s'insinue en moi,
Je me rappelle que tu es là, tapie,

Toi, la maladie...
Toi, ma belle ennemie...

Quand, à l'incompréhension, je me heurte,
Quand, au désespoir de la solitude, je m'abandonne,
Je sais que ce jour-là, tu gagnes du terrain,
Je sais qu'il faut relever la tête, non en vain !

Toi, la maladie...
Toi, ma cruelle amie...

A fleur de mots...

A fleur de mots...

Ma plume

Ce soir, j'ai repris ma plume,
Depuis longtemps, l'encre avait séché,

Ce soir, j'ai repris ma plume,
Ce soir, je l'ai laissée courir,
Glisser sur le papier épais,

Ce soir, j'ai repris le fil de ma poésie,
Ce soir, j'ai repris le chemin de la vie,

Ce soir, j'ai regardé la lune,
Ce soir, je l'ai laissée me reconquérir,

Ce soir, j'ai repris ma plume,
Dans mon cœur, l'encre n'était pas tarie,
Dans mon carnet, les mots ont jailli !

A fleur de mots...

A fleur de mots...

Quand je m'endors...

Quand je m'endors contre ton corps,
Blottie au creux de ton dos dès lors,
La Terre peut trembler, le ciel peut tonner,

Quand je m'endors le soir contre toi,
Je sais pourquoi je veux passer ma vie,
Simplement à te regarder rire à l'envi...

Quand je rêve de toi les yeux ouverts,
Je te remercie d'être simplement en vie,
Qu'il est doux que tu sois sur cette Terre,
En ma compagnie, mon tendre ami...

A fleur de mots...

A fleur de mots...

Octobre indien

De givre, ma fenêtre est prisonnière
Du petit matin. Du soleil, son frère,
Elle fait écho, langoureusement fière.

D'octobre, je rêve de promenades colorées,
De nos escapades dont je me souviens,
Il reste des palettes d'arbres auréolées,

D'octobre, j'entends le bruissement du tapis
Douillet des feuilles qui nous transportent,
Et la douceur des effleuves du sous-bois enfoui,

Octobre est notre été indien, je me souviens,
Un mois de poésie, de mélancolie et d'oubli,
Un mois que nous aimons, avant cet hiver à nos portes endormies...

A fleur de mots...

A fleur de mots...

Blues

Se dissoudre lentement, inexorablement,
Dans l'eau trouble de nos sentiments,
Jusqu'à presque mépriser ce que l'on ressent,

Et continuer, se résigner tristement,
Pour devenir raisonnable gentiment,
Puis mourir de l'intérieur lentement...

A fleur de mots...

A fleur de mots...

La rédemption du stylo

Renaître, au détour d'une phrase,
Et s'accrocher fermement à des mots,
Les plus purs, qui soignent mes maux,
Les plus simples, sans emphase,

Renaître, espérer qu'ils vont panser,
Et écrire de soi le plus intime, sans penser,
Combien ils me mettent en danger,
Combien ils sonnent juste de vérité,

Renaître, cette calligraphie est dérisoire,
A quoi bon ? Oui, l'encre soigne mes blessures,
Les pires, celles qui sont les plus noires,

Ma plume extirpe de mon âme impure,
Des sentiments communs à tous les hommes,
Des sentiments uniques en somme...

A fleur de mots...

A fleur de mots...

L'heure bleue

C'est une heure incertaine,
Au crépuscule blême,
On la ressent, soudaine,
Au fond de l'âme même,

C'est une heure peu amène,
Entre chien et loup, elle nous mène,
Au fond du spleen de l'être même,
C'est une heure qui compte. Amen.

A fleur de mots...

A fleur de mots...

Phénix 2020

C'est une année qui commençait, banale,
Et soudain, j'ai vu la vague assassine s'ourler,
Et sur nous, elle a déferlé, déchaînée, machinale,,,

Moi, elle m'avait presque tué,
Mais pas encore tout à fait,
Vague après vague, j'ai subi ce tsunami viral...

Lentement, j'ai survécu comme j'ai pu, loin du Styx,
Je me suis dépêchée de revivre pour oublier,
De mes cendres, renaître encore, tel un phénix...

A fleur de mots...

A fleur de mots...

Paradis perdu

J'ai livré bataille et espéré pour ton corps vaincu, une vie toute neuve,
Avant que sur nous, esseulés, à torrent, le noir chagrin ne pleuve,
Papa, sais-tu que de mon enfance, je suis devenue veuve ?

Ô! Mille mercis pour notre enfance sous ton soleil bienveillant,
Si l'on pouvait retenir encore le bonheur naïf et insouciant,
Quand tu disais : « ce sont mes enfants », fièrement,

Ah ! Que ne puis-je revoir l'étincelle dorée de ton regard,
Ecouter tes silences assourdissants qui faisaient sens,
Et enfin me réchauffer au feu rouge de ta présence...

A fleur de mots...

A fleur de mots...

Born to be a star

Une gaze d'étoiles colorées brille au firmament,
Elles sont les joyaux éthérés du ciel éternel,
Les astres courent sur la Voie lactée infiniment,

Aussi loin que j'imagine, prospèrent de nouvelles étoiles,
Pour éclairer la noirceur vide de l'univers expansé,
Elles naissent, vivent et meurent sous des atours de beauté,

On imagine ces belles demoiselles éternelles,
Hélas, mêmes ces luminaires précieux ne le sont point,
Elles s'éteindront finalement au crépuscule d'une vie belle...

A fleur de mots...

A fleur de mots...

Renouveau

Le printemps est revenu avec son cortège,
De vert tendre et de feuilles toutes neuves,
En éclaireur étaient venues les perce-neige,
La sève afflue parachevant le chef-d'oeuvre,

Jaune la jonquille, violet le muscari,
Multicolore la primevère, noire la tulipe,
Les oiseaux empressés célèbrent la vie,
Le printemps est du renouveau bien l'archétype !

A fleur de mots...

A fleur de mots...

Pourpre

De rouge violacé, je m'étais parée,
D'absolue beauté phénicienne,
D'honneur et de pouvoir, je m'étais élevée,
Je suis la pourpre méditerranéenne,

Je suis une couleur à nulle autre pareille,
De coquillages précieux, je suis née,
De rouge vif, je me suis empourprée,
Regardez-moi, je suis une merveille !

A fleur de mots...

Orchidées

Offrant leur sensualité tropicale aux regards curieux et passionnés,
Zébrées, tachetées et colorées, les belles inflorescences se déclinent,
Et poussent, aériennes, sous de lointaines latitudes chaudes et dorées,

Elles semblent épanouies, plantureuses, nées pour la beauté,
Elles chantent un hymne à la vie, à la sensorialité et la sensibilité,
Ce sont elles, les demoiselles préférées de nos logis, aux fenêtres exposées...

A fleur de mots...

A fleur de mots...

Fleurs de lotus

Sous des palmiers-dattiers dorment les belles égyptiennes,
Elles ont fardé de khôl pur leurs douces paupières raffinées,
De bijoux d'or et de fin lin, leur corps brun d'ambre est orné,

Elles portent le Nil dans leurs beaux yeux mi-clos de persienne,
Elles portent dans leurs ventres les enfants de l'antique Egypte,
Elles donnent vie aux scribes de cette nation mathématicienne,

Elles se baignent dans le Fleuve nourricier, cachées dans les papyrus,
Elles dansent au son des mélopées, le soir, embaumant la fleur de lotus,
Elles sont les éternelles gardiennes d'un âge d'or d'une Humanité lettrée...

A fleur de mots...

A fleur de mots...

La résonance de l'être

Sensible, amoureuse ou mélancolique,
Je pose mon regard sur un monde multiple,
Et dévoile maints espoirs chimériques,
Les mots soignent les blessures de mon périple,

Quand les rimes se font l'écho de mes émotions,
Les mots se marient aux profonds sentiments,
Ma plume veut confiner au poétique raffinement,
Pour que l'âme écrive à jamais d'uniques passions...

A fleur de mots...

A fleur de mots...

Sommaire

Le saule pleureur 5
Yeux félins 7
Eden 9
Songe automnal 11
Phoenix 13
Âme sœur 15
Grand Bleu 17
Jaune solaire 19
Rouge feu 21
Au creux de mes vagues 23
C'est mon cri ! 25
41° 27
Jeu cruel 29
Rond ?! 31
Toi... ?! 33
Un trait de couleur 35
Ego 37
Au fil de mon rêve marin 39
« Tout est vanité » 41
Eclosion d'une femme 43
Rêve pailleté 45
Alchimie 47
La clé des champs 49
Le Petit Prince 51
Alliance 53
Nuits indiennes 55
Folle d'un rêve 57
Plume en berne 59
Ta fille 61
Terre des Hommes (I) 63
Terre des Hommes (II) 65
Terre des Hommes (III) 67
Personne ne saura 69
L'îlot du Bonheur 71
Petite chatte 73
Le mal a dit 75
Ma plume 77
Quand je m'endors 79
Octobre indien 81
Blues 83
La rédemption du stylo 85

A fleur de mots...

A fleur de mots…

L'heure bleue..87
Phénix 2020...89
Paradis perdu...91
Born to be a star..93
Renouveau...95
Pourpre..97
Orchidées...99
Fleurs de lotus...101
La résonance de l'être...103

Pour contacter l'autrice :
https://www.instagram.com/zoe_vian_ecrivaine/

@zoe_vian_ecrivaine

A fleur de mots...

Bibliographie

« Odes » - Pierre de Ronsard (1550)
« Les Fleurs du Mal » - Baudelaire (1857)
« Terre des Hommes » - Antoine de St Exupéry (1939)
« Le Petit Prince » - Antoine de St Exupéry (1943)
« Paradis perdus » - Eric-Emmanuel Schmitt (2021)

A fleur de mots...

MIXTE
Papier issu de sources responsables
Paper from responsible sources
FSC® C105338